Johanna Boy

Studenten-Kochbuch

Johanna Boy

Studenten-Kochbuch

ISBN/EAN: 9783944350226

Auflage: 1

Erscheinungsjahr: 2013

Erscheinungsort: Bremen, Deutschland

Studenten - Kochbuch

von

der Verfasserin

von

Kingsdorf und Kulomin.

Oschersleben 1875.

Druck und Verlag von Gebr. Köppel.

Der Mensch lebt nicht vom Brod allein
Vergnügt und heiter,

Von Suppen auch und Fleisch und Wein,
Bier u. s. w.

Studenten-Kochbuch.

Vorrede.

Iss', was gar ist,
Trink', was klar ist,
Red', was wahr ist.
Lern' auch nicht Philosophie
Aus 'nem Glas Crambambuli.

Sei nicht zu träg,
Zu gehn in's Colleg;
Doch immer frisch und froh dabei
Mit treffendem Humor
Nur der ist Bursch und wirklich frei
Der nie 'ne Stund verlor.

1*

In Kneipen sitze mit Verstand
Und sei nicht stumm beim Weine,
Doch bist Du einmal abgebrannt
Und hast kein Geld im Beutel,
Dann ein Kochbuch nimm zur Hand,
Wenn's kann sein — das Meine.

D. Verf.

Wernigerode im Spätsommer 1875.

An meine lieben, jungen Freunde!

Die Zahl der Kochbücher ist zwar schon eine nicht unbedeutende, aber eine Anleitung in dieser Kunst, oder sagen Sie Wissenschaft, für Studenten existirt meines Wissens doch noch nicht.

Ich bin ja nun weit entfernt, Sie ganz in die Tiefen unserer speciellen Wissenschaft ein= zuführen, das wäre für Sie langweilig und könnte für uns unter Umständen höchst ver= hängnißvoll und gefährlich werden.

Aber ich weiß, daß die meisten Studenten eine kleine Spiritusmaschine haben, und sich Kaffee und Thee wenigstens selbst bereiten, und auch, daß Manche, besonders in den Zeiten, wo arge Ebbe im Geldbeutel eingetreten ist, oft ganz verzweifelte Versuche machen, sich ein einfaches Abendessen herzustellen. Damit Sie nun ohne großen Kosten= und Zeit=Aufwand sich selbst einige leicht herzustellende Speisen und Getränke schmackhaft zubereiten lernen, entschloß ich mich, einige Rezepte für Sie niederzuschreiben. Doch ehe Sie die wenigen Rezepte lesen und probieren, schenken Sie den nötigen Vorbemerkungen einen Augenblick Zeit.

Vorbemerkungen.

Wenn ein lustiger Bruder von sich sagt:

> „Eine Pfeife, wie ein Fäßchen,
> Wenig Münze, Rock und Hut
> Und ein kleines Stiefelgläschen:
> Seht, das ist mein Hab u. Gut.‟

Dann liegt freilich nah: „Hungrig hier, und Durstig da‟, darum wird vorausgesetzt, daß Frau Mama oder Fräulein Schwester für einige kleine Vorräthe sorgt und die interessante, wenn auch noch so primitive Speisekammer des Herrn Studiosus damit füllt. Im Sommer ist der Ofen der Getreue, der Ihnen Alles auf's Beste conserviren wird. Im Winter freilich ist's besser, ihn als Lebenswärmer und Kochapparat zu benutzen und kann man sich dann leicht ein Kommodenfach als Speiseschrank einrichten (Butter, Schmalz und Speck vertragen dies allerdings nicht.) Die Sitte, wie ich sie wohl bei manchen gesehen, den Boden des Kleiderschrankes

mit Eßwaaren zu füllen, möchte ich nicht em=
pfehlen, lieber kann man die Wäsche oder anderes
aus der Kommode hineinlegen.

Ein Büchschen Butter und ein desgleichen mit
Schmalz, Brod, Salz, Zucker (ich em=
pfehle als für alle Fälle anwendbar gemahlene
Raffinade), ein Tütchen Thee und Kaffee
nebst Kaffeemühle im Unvermögensfalle der
Letzteren eine möglichst dicht verschlossene Blech=
büchse mit gemahlenem Mocca oder Menado,
oder Guatemala wird wohl Jeder von meinen
jungen Freunden schon immer gehabt haben;
nun lassen Sie sich von Frau Mama auch
einige Pfd. bestes Chokoladenpulver, ein
Tütchen Kartoffelmehl, 1 Büchse Fleisch=
extrakt, etwas Gries, auch Reis, 1
Täßchen Hagebuttenmuß, auch etwas Wei=
zenmehl, Schinken, Wurst und Speck
selbstverständlich, 1 Büchschen kondensirte
Milch; Eier, sind oft schwer transportabel,
werden daher lieber an Ort und Stelle gekauft,
und nun noch ein kleines Kochtöpfchen
ein Kaffeekesselchen, eine Pfanne, (da=
mit man nicht in die Versuchung geräth, die
Kohlenschaufel statt ihrer zu gebrauchen) die
man am Besten alle Mal gleich nach dem Ge=

brauch mit Papier sauber auswischt; einen Blech=
löffel, Quirl und wenn man kein Service
von seinen Wirthsleuten geliefert bekommt, auch
einen tiefen Teller, tiefe Schüssel, Sup=
penkelle, Löffel, Messer und Gabel,
und eine große Tasse nebst Theelöffel.

Sollte Jemand Luft und Talent haben zum
Speisemeister, dem empfehle ich, sich einen Pe=
troleumkochofen den man ja schon für 1 Thlr.
17½ Sgr. bei 1 Flamme haben kann, anzu=
schaffen. Außerdem, daß dieselben viel ökono=
mischer brennen als Spiritus, giebt die Pe=
troleumflamme auch eine viel gleichmäßigere
Hitze und kann sich in diesem Falle ein Student
schon an mancherlei wagen, was er sonst lassen
müßte, geht man z. B. früh 9 Uhr ins Colleg
und setzt vorher

I. Suppen.

Nr. 1. Rind- oder Hammelfleischsuppe.

1 Pfd. Rind- oder Hammelfleisch mit 1 Maaß
=5 Gläser voll Wasser, 1 Kaffeelöffel voll
Salz und 1 ganze ungeschälte Zwiebel auf die
Flamme, die jedoch nicht zu hoch geschraubt
werden darf — kommt man um 1 Uhr wieder
nach Hause, dann ist das Fleisch weich u. die
Suppe fertig; etwa 1 Glas voll Wasser kocht
sich ein, dann bleiben 4 Gläser, sind genau 2
Suppenteller voll Brühe. Beim nächsten Kauf-
mann ersteht man sich eine Kruke voll Mostrich
oder einige saure cucumis, wer's liebt, und
ißt nun erst klare Bouillon, danach Fleisch
mit Senf und etwas Brod — ein famoses
Mittagsmahl.

Nr. 2. Fleischbrühe mit Gries.

Wünscht man aber die Bouillon nicht klar,
dann schütte man, nachdem das Fleisch weich und

herausgenommen ist, langsam unter beständigem Rühren 2 Eßlöffel voll Gries in die kochende Brühe, läßt diese 5 Minuten damit aufkochen (um dies schnell zu bewerkstelligen, wird die Flamme etwas höher geschraubt), dann nimmt man den Topf ab und schlägt noch 1 Ei in die Suppe.

Nr. 3. Bouillon ohne Fleisch.

Scheut man die Fleischausgabe (1 Pfd. kostet immerhin 6—7 Sgr.), so nehme man 1 Zwiebel, schäle und schneide sie in feine Stücken, thue alsdann 1 Theelöffel voll Butter in die schon heiß gemachte Pfanne und wenn die Butter anfängt, gelb zu werden, die Zwiebelstückchen hinzu, läßt dieselben braten, bis ein angenehmer Duft das Zimmer erfüllt und stäubt nun 1 Theelöffel voll feines Weizenmehl in die Pfanne, rührt das Ganze mit dem Blechlöffel ein bis= chen hin und her, damit's nicht anbrennt, nimmt's dann schnell vom Feuer und rührt den Brei in etwa 3 Glas voll kochend gemachtes Wasser, thut 1 Theelöffel voll Fleischextrakt hinzu, läßt dies zusammen durchkochen und — die Suppe ist fertig.

Nr. 4. Schnell zu machende Bouillon zum Trinken.

Man zerrührt 1 Eidotter mit 1 Theelöffel kalten Wassers in 1 große Tasse, thut dann 1 Prise Salz, 1 Schrotkorn groß gute Butter und ½ Theelöffel Fleischextrakt hinein und füllt nun die Tasse unter fortwährendem Rühren mit kochendem Wasser.

Nr. 5. Reissuppe.

Hat man im Winter Appetit auf eine warme Abendsuppe, so setze man bei schwachem Feuer 2 Stunden vor der Essenszeit, sonst 1½ Stunde vorher, 5 Gläser voll Wasser mit 2 Eßlöffeln voll Reis, 1 Theelöffel gute Butter, 1 desgl. voll Salz und 1 geschälte Zwiebel in das bestimmte Kochgeschirr auf den Ofen oder auf den Petroleumapparat. Während man nun Landrecht oder Anatomie, Dogmatik oder klassische Literatur studirt, kocht sich das liebenswürdige Süpplein ganz allein, und der Studiosius, der „Tischchen decke dich“ sein Motto nennt, sieht sich dies Märchen vor seinen eignen akademisch geschärften, und auch wohl mit einem Glase bewaffneten Augen in Scene setzen. Nach

Verlauf von 1½—2 Stunden koste man, ob der Reis weich ist, und wenn dies der Fall, dann gebe man ½ Theelöffel voll Fleischextrakt hinzu, sollte er jedoch noch hart sein — nun der Student ist ja frei wie der Vogel in der Luft und nicht an Zeit und Stunde gebunden, endlich kommt doch einmal und endlich wird auch seine Reissuppe gar sein.

Nr. 6. Kartoffelsuppe.

Man bitte die Wirthin um eine kleine Por= tion sauber geschälter Kartoffeln, setze die mit 5 Gläsern Wassers, einer geschälten Zwiebel, 1 Messerspitze voll Salz und ½ Eßlöffel Butter auf's Feuer. Nach einer Stunde sind sie weich, dann zerdrückt man sie und thut noch 1 Messer= spitze voll Fleischextrakt dazu.

Nr. 7. Hagebuttensuppe.

Man füllt einen Topf mit 5 Gläsern Wassers setzt dies auf's Feuer und rührt, wenn es kocht 1 Eßlöffel voll Hagenbuttenmuß, je nach Ge= schmack 2—3 Eßlöffel voll Zucker, 1 Stückchen Citronenschaale, halb so lang wie ein Colle= gienheft und von der Breite eines Chemisett= bandes und ein Messerspitzchen voll gestoßenen

Zimmt hinein, läßt dies unter langsamen Rühren etwa 5 Min. kochen und wünscht man die Suppe sämig, so rühre man 1 Theelöffel voll Kartoffelmehl, in einer Tasse mit einigen Tropfen Wassers klar und gieße das aufgelöste Kartoffelmehl, was wie Milch aussieht mit der linken Hand in die kochende Suppe während man mit der Rechten den Quirl in der Suppe seine Bewegungen machen läßt. Die Wirkungen der Obstsuppen, wie des Obstes überhaupt, werden als bekannt voraus gesetzt, und darf man sich ja nicht durch den Schein trügen lassen, da diese Suppe einer Rothweinsuppe sehr ähnlich sieht, aber doch die gerade entgegengesetzte Wirkung hat.

Nr. 8. Süße Griessuppe.

Auf 1 Maß Wasser rechne man 2 Eßlöffel voll Gries, 1 Theelöffel voll Butter und ein Theelöffel voll kondensirte Milch. Nachdem man das Wasser auf's Feuer gesetzt und wenn es warm geworden, ¼ Tasse herausgenommen hat, um in diesem warmen Wasser die kondensirte Milch zu lösen, quirlt man, wenn man solches gethan, den Gries in die kalte Milch und rührt dann dies beides in das kochende

Waſſer, thut die Butter hinzu, Zucker und
Salz nach Geſchmack und läßt's etwa 3 Minuten
kochen.

Nr. 9. Breuhahn- oder Weißbier-Suppe.

Man beſorgt ſich 1 Flaſche Weißbier oder
Breuhahn, entkorkt es und „wird der Kork hin=
weggezogen, ſo präſentirt ſich gleich der Schaum,
drum ſchnell die Flaſche nach unten gebogen,
damit im Kochtopf er finde Raum. Die Hefe
wird gar nicht geachtet, denn ſie verdirbt
das Ganze leicht, und wenn man es beim Licht
betrachtet, iſt ſie's, durch die der Schaum nur
ſteigt;" iſt nun das Bier glücklich im Topf, ſo
thut man 1 Körnchen Salz, ein wenig Citronen=
ſchaale und Zucker, liebt man's, auch Zimmt
hinzu, während ſich dies zuſammen erhitzt, zer=
rührt man in einer Taſſe 1 Theelöffel Kar=
toffelmehl mit einigen Tropfen Waſſers, gießt
½ Taſſe Milch und 1 Eidotter hinzu und ſchüttet
Alles, ſobald das Bier kocht hinein, ſo wie es
wieder anfängt zu ſteigen, nimmt man den Topf
ab — die Suppe iſt fertig.

Nr. 10. Chokoladensuppe honuy soit, qui mal y pense.

Wünscht man 2 Teller Suppe zu bekommen, so setze man 4 Gläser voll Wasser im Blechtöpfchen auf den Kochapparat, während nun das Wasser heiß wird, nehme man 4 Eßlöffel voll des besten Chokoladenpulvers, rühre es in einem Tassenkopf mit wenigem kalten Wasser zu einen dünnen Brei und quirle dann die Masse in das kochende Wasser, und wenn es noch einmal schäumend aus der Tiefe in die Höhe steigt, ist die Chokolade fertig. Geschlagene Sahne freilich ist für einen Studenten wohl schwer herstellbar, will man aber die Chokolade noch etwas verfeinern, so nimmt man das Weiße von einem Ei, thut es in einen naß gemachten Teller und nimmt nun die in kaltes Wasser getauchte Gabel und schlägt das Eiweiß mit der Gabel so lange von rechts nach links, bis es ein steifer, fester, weißer Schnee ist, den man mit Zucker bestreut und löffelweis in die Suppe hineinsticht.

Nr. 11. Milchsuppe.

Sehr gern würde ich auch das Rezept zu

einer Milchsuppe herschreiben, allein, da die
Milch gar so leicht überkocht und dann einen
höchst unangenehmen Geruch hinterläßt, so will
ich davon abstehen, dagegen für heiße Tage, wenn
man nicht Lust hat zu kneipen, zumal das Bier
so erhitzt, empfehle ich eine

II. Kalteschaalen.

Nr. 12. Milchkalteschaale.

Man löse schon frühmorgens beim Kaffee=
kochen, wo man ja warmes Wasser hat, soviel
kondensirte Milch auf, als man Abends zu
haben wünscht, (auf 1 Teller warmes Wasser
rechne 1 Theelöffel voll kondensirte Milch), stelle
solche in eine Ofenröhre, damit sie kalt wird,
und vermische sie vor dem Essen mit gekrü=
meltem Brod. Bietet sich Gelegenheit 1 Tütchen
voll Heidel=, Him= oder Erdbeeren zu kaufen,
so thue man solche in vorstehend präparirte
Milch und der Musensohn hat in

Nr. 13. Heidelbeerkalteschaale,

Nr. 14. Erdbeerkalteschaale,

Nr. 15. Himbeerkalteschaale,

schon eine reiche Abwechselung; noch eine fünfte
möchte ich der Einfachheit ihrer Zubereitung
wegen hinzufügen.

Nr. 16. Sogenannte Bierkalteschaale.

Man kaufe 1 Flasche Breuhahn, 1 Citrone, ¼ Pfd. (125 Gramm) Corinthen, schütte das Bier in eine tiefe Schüssel oder Terrine, thue 2 Citronenscheiben, eine Hand voll gekrümeltes Brod, 1—2 Eßlöffel Zucker und 1 desgl. voll Corinthen hinein, läßt es dann 1 Stunde stehen, oder man kann es auch gleich essen, doch theilt sich der würzige Geschmack der Citrone der Kalte= schaale besser mit, wenn sie eine Weile steht; um nun den Rest der Citrone nicht umkommen zu lassen, so bereitet man daraus in den fol= genden Tagen (angeschnitten hält sich die Ci= trone 2---3 Tage)

III. Limonaden.

Nr. 17. Citronenlimonade.

Man schält dazu die würzige Schaale der Citrone mit einem feinen Taschenmesser dünn ab, die Schaale legt man in die Sonne zum Trocknen und gebraucht sie dann gelegentlich zu Biersuppe u. A. Nun nimmt man 1 Glas frisches Brunnenwasser, thut 2 Theelöffel voll Zucker und drückt etwas von dem Safte der Citrone hinein, rührt es gut durch und hat so ein außerordentlich erfrischendes Getränk. (Es lassen sich gut 2 Gläser Limonaden von dem Safte einer solchen Citrone herstellen.)

Noch einige kalte Getränke.

So eben kommt mir ein neuer Handelsartikel zu Gesicht, den ich noch mit aufführen möchte, es ist das präparirte Citronensäure mit Zucker u. s. w., die man unter dem Namen Apfelsinenscheiben zu Limonade, einen Sechser das Stück, bekommt. Man bereitet davon

Nr. 18. Citronenlimonade,

indem man eine der thalergroßen Scheiben in 1 Glas frisches Wasser thut und dies zerschmelzen läßt. Eben so bereitet man sich

Nr. 19. Erdbeerlimonade,

indem man eine sog. Erdbeerscheibe ins Wasser thut. Sehr empfehlenswerth sind diese Limonadenscheiben auch deshalb, daß sie nicht dem Verderben ausgesetzt sind.

Nr. 20. Selbst zu bereitendes Selterswasser.

Am vortheilhaftesten ist es bei größerem Consum, wenn man sich in einer Drogueriewaarenhandlung gleich je 1 Pfd. pulverisirte Weinsteinsäure und doppelt kohlensaures Natron, was man am besten in Glasbüchschen fern von Feuchtigkeit aufbewahrt. In ein Glas frisches Wasser thue man $\frac{3}{4}$ Theelöffel voll Natron, danach $\frac{1}{2}$ Theelöffel pulverisirte Weinsteinsäure und Zucker nach Geschmack; um es moussirend zu haben, beachte man nur, daß die Säure zuletzt hinzugethan wird.

IV. Warme Getränke.

Die Bereitung des

Nr. 21. Caffee

und   ## Nr. 22. Thee

setze ich als den lieben Herrn Studenten be=
kannt voraus. Das Rezept Nr. 10 bereitet und
in Tassen gefüllt, giebt ein schönes Getränk die

Nr. 23. Chokolade,

für die man, in einer Conditorei genossen, für
eine einzige Tasse 3 Sgr. blechen muß.

Nr. 24. Cacao.

Dieses eben so nahrhafte, als schmackhafte
Getränk empfiehlt sich besonders zum ersten
Frühstück. Man rechne auf 1 Tasse voll kalten
Wassers 1 Theelöffel voll Cacaopulver, best=
entölter Qualität. Am Besten kocht es sich in
einem eigens dazu gehaltenem kleinem Blech=
kasserol; man thut 1, 2 oder mehr Tassen, nach

dem, wie viel man zu trinken wünscht, in das
Kasserol oder Kochtöpfchen, rührt auf je 1
Tasse Wasser 1 Theelöffel Cacaopulver und ½
desgl. voll Zucker hinein und läßt es dann
unter öfterem Rühren bis zum Siedepunkt
kommen, läßt es dann bei beständigem Rühren
noch etwa 5 Minuten kochen, dann ist der Cacao
fertig, muß jedoch, will man ihn sogleich trinken,
zuvor besser in Eis oder eine andere Abkühlungs=
Anstalt gesetzt werden, denn in kochendem Zu=
stande wirkt er wie siedendes Pech — man
wird jämmerlich verbrannt.

Mit dem

Nr. 25. Punsch

will ich die Zahl der warmen Getränke schließen.
Unser großer Schiller sagt zwar: „4 Elemente
innig gesellt" und nennt als die Viere ganz
richtig Citrone, Wasser, Zucker und Bischofex=
trakt, (Tropfen des Geistes), aber verzeihen Sie,
wenn ich seine Angabe dahin berichtige, daß er
„des Zärtsten, was die Erde hegt", vergessen
hat, Sie wissen, ich meine den Thee; nicht
sprudelndes Wasser wird in die Terrine oder
Kanne, in die man bereits den Saft der Ci=
trone geträufelt hat, gegossen, sondern man be=

reitet vorher Thee und mischt diesen mit Citrone, Zucker rc. Schütteln Sie nicht lächelnd das Haupt, daß ich's unternehme, Schiller zu berichtigen, sondern lesen Sie des Theeliedes von Uhland 8. Strophe und beherzigen Sie die beiden letzten Zeilen.

Und nun gehe ich zu Eierspeisen über

V. Eierspeisen.

Nr. 25. Rührei.

Man nehme 2—3 Eier, klopfe sie auf und thue Alles, das Weiße wie das Gelbe in die bereit stehende Tasse, in die man schon 2—3 Löffel voll Wasser und eine Messerspitze voll Salz gethan, quirle Alles noch mit 1 Thee= löffel voll Mehl durcheinander und stelle nun die Pfanne auf die Spiritus= oder Petroleum= flamme, thue ½ Eßlöffel voll Butter hinein und, nachdem selbige gelb geworden, schütte man die gequirlte Masse langsam in die Pfanne, rühre nun mit einem Blechlöffel langsam immer am Außenrande der Pfanne von rechts nach links, daß es kleine, dickliche Flocken giebt; ist Alles dick und flockig, dann ist das Rührei fertig.

Nr. 26. Rührei mit Schinken

wird wie vorstehend bereitet, nur thut man noch 1 Löffel voll in kleine Würfel geschnittenen

Schinken dazu; anstatt Schinken kann man auch Schlack= oder Cervelatwurst nehmen und erhält so:

Nr. 27. Rührei mit Cervelatwurst.

Nr. 28. Weiche Eier.

Wenn das Wasser stark kocht, werden die Eier, soviel man zu essen beabsichtigt, behutsam hineingelegt und $3\frac{1}{2}$ Minute gekocht, dann ist die Dotter weich; wünscht man sie hart, so müssen sie $4\frac{1}{2}$—5 Minuten kochen.

Nr. 29. Sol-Eier.

Sind von vorstehenden vielleicht einige Eier übrig geblieben, so kann man sich die in Sachsen so beliebten Soleier leicht herstellen. Man klopft rings herum die Schaale entzwei, ohne selbige jedoch zu entfernen, und legt die so prä= parirten Eier 24 Stunden in ungeheuer scharfes Salzwasser. Sie schmecken vortrefflich zu bai= rischem Bier und Butterbrod.

Nr. 30. Spiegel-Eier.

Eine recht dünn geschnittene Scheibe Speck legt man in die heißgemachte Pfanne und wenn der Speck anfängt zu zerfließen, so schlägt man dicht über der Pfanne 2 · 3 Eier hinein, streut etwas Salz darüber und läßt sie backen bis daß das Weiße dick geworden ist. Kopfsalat paßt homerisch treffend dazu. Siehe die Nummer 37.

Nr. 31. Eierkuchen.

Zwei ganze Eier werden in die Tasse geschlagen, 2 Eierschaalen voll Milch (in ¼ Tasse warmes Wasser 1 Theelöffel voll kondensirte Milch aufgelöst), 2 kleine Eßlöffel Mehl, 1 Körnchen Salz, 1 Messerspitze voll Zucker und eine Idee klaren Zimmt hinzugethan, Alles zusammen tüchtig gequirlt, dann thut man 1 Theelöffel voll Butter in die Pfanne, gießt, wenn sie gelb geworden, die Masse hinein und sticht zuweilen mit dem Messer in den jetzt noch dünnen Teig, damit er nicht unten schon fest bäckt, während er oben noch fließt; sieht auch fleißig nach unten, indem man mit dem Messer den Kuchen ein wenig herumdreht, und rüttelt und schüttelt öfter die Pfanne, bis er unten hellbraun ist, dann läßt man ihn auf einen Teller gleiten, thut wieder 1 Theelöffel voll Butter in die Pfanne und bringt alsdann den Kuchen derartig in die Pfanne, daß die noch

ungebackene Seite nach unten zu liegen kommt
bis er auch auf der Seite schön gelbbraun
ist. Diese Masse giebt einen Eierkuchen.

Nr. 32. Puffert.

Eine freundliche Wirthin reibt Ihnen gewiß
gern einige (4—6) große rohe, geschälte Kartoffeln nebst einer Zwiebel, dazu rühren Sie
1—2 Eier, etwas Salz und 2 kleine Löffel
Mehl, thun alsdann in die Pfanne etwas
Butter und etwas Schmalz, und wenn dies
zusammen zergangen ist, bringe man löffelweise
den Brei in die Pfanne, streiche ihn nicht zu
dünn aus einander und backe ihn auf beiden
Seiten dunkelgelb. Man kann einen großen
oder auch einige kleine Kuchen davon backen.

Nr. 33. Armer Ritter.

Trotz seines romantischen Namens erfreut sich
dies beliebte Gebäck einer ebenso einfachen
als ökonomischen Zubereitung. Man kaufe
sich dazu 1 Dutzend Kaffeebrödchen oder für
1 Sgr. Weißbrod, was man in Scheiben
schneidet, lege das neben einander auf einen
tiefen Teller und rühre nun im Tassenkopf
Milch (½ Tasse), 2 ganze Eier, 1 Löffel Zucker

und ein klein wenig Zimmt durcheinander, gieße dies über die Zwiebäcke oder Weißbrod und lasse sie so ½ Stunde stehen. Dann läßt man 1 Eßlöffel voll Butter in der Pfanne gelbbraun werden, legt nun schnell das aufgeweichte Weißbrod hinein und bäckt es schnell auf beiden Seiten braun. Das sind die armen Ritter.

VI. Kartoffelspeisen.

Nr. 34. Pellkartoffeln.

Besonders im Winter würde es sich empfehlen, dann und wann 1 Töpfchen Kartoffeln zu kochen. Man lasse sich von der Frau Wirthin 1 Liter besorgen und gebrauche davon. Die Kartoffeln werden einfach in reichlichem Wasser im Koch= töpfchen auf den Ofen gesetzt und müssen da stehen und kochen, bis sie weich sind. Zugleich wirkt der entstehende Wasserdampf wohlthätig auf die Lunge, indem sonst, besonders bei eisernen Oefen leicht eine unangenehme, trockne Hitze entsteht. Will man die Kartoffeln nicht mit Butter speisen, so schneide man einen schmalen Streifen Speck in Würfel und lasse diese nebst einer fein geschnittenen Zwiebel hübsch gelb werden oder man brät sich

Nr. 35. Bratwurst.

Dazu giebt man etwas Butter in die Pfanne

und wenn sie zergangen, legt man die Brat=
wurst hinein, bratet sie 5 Minuten auf der
einen und 5 Minuten auf der andern Seite.

Nr. 36. Gebratene Kartoffeln.

Sind von der gestrigen in Pellkartoffeln
bestehenden Abendmahlzeit einige übrig geblieben, dann geben dieselben geschält und in
Scheiben geschnitten und mit etwas Butter,
oder Speck und Zwiebeln gebraten, auch Salz
nicht zu vergessen, ein superbes Frühstück oder
je nach Quantität auch Abendbrod.

VII. Salate.

Für die Liebhaber saurer Speisen lasse ich noch einige leicht und schnell zu bereitende Salate folgen.

Nr. 37. Kopf- oder grüner Salat.

Man befreie den Salat von den äußeren groben Blättern, reiße die andern leicht entzwei und spüle ihn mit frischem Wasser ab. Dann thut man 2 Eßlöffel voll Essig in die Schüssel, thut ½ Löffel Oel, ½ Glas Wasser und 1 Theelöffel voll Zucker dazu, rührt es gut durcheinander und wälzt den Salat darin um.

Nr. 38. Gurkensalat.

Der Weg aus dem Kolleg oder der Kneipe führt vielleicht an einer Gemüsehändlerin vorüber, bei welcher man sich 2 Stück oder mehr schöne grüne Gurken (auch etwas Dill) ersteht, 1 Stunde, bevor man sie zu genießen denkt,

schält man sie und schneidet sie in feine Scheiben,
streut Salz darüber und läßt sie so stehen, dann
rührt man im Schüsselchen Essig (und sollte
er zu scharf sein, auch etwas Wasser) 1 Tröpfchen
gutes Provenceöl, nach Geschmack auch ein wenig
Zucker und den fein gerupften Dill zusammen,
schließlich thut man die Gurkenscheiben, von
denen man jedoch das Salzwasser abgießt, da=
zu, und mengt sie vermittelst einer Gabel und
eines Löffels gehörig durch.

Nr. 39. Kohlsalat.

Man kauft sich einen nicht zu großen Kohl=
kopf, halbirt ihn, befreit ihn von den äußersten
Blättern und schneidet dann mit einem scharfen
Messer feine Streifen, doch nicht immer nach
derselben Seite. Darauf bestreut man ihn mit
Salz und läßt ihn womöglich noch länger
so stehn, als den Vorhergehenden. Wieder
mischt man dann wie vorstehend Essig, Oel
und Zucker, doch ohne Dill, und mengt den fein
geschnittenen Kohl in dieser Sauce.

VIII. Getränk für Geizige.*)

Zum Schluß erlaube ich mir noch auf ein ebenso einfaches als probates Hausmittel gegen Kopfschmerzen, wenn dieselben von Ueberanstrengung, Aufregung oder langem Sitzen in dumpfigen Hörsälen herrühren, aufmerksam zu machen (die jungen Herren Mediciner wollen gütigst entschuldigen, daß ich ihnen so ins Handwerk pfusche) — das ist nämlich Brausepulver und Baldrianthee. Auf einen Theelöffel voll Baldrianthee gieße man 3 Tassen kochendes Wasser, lasse ihn verdeckt eine Weile ziehen und dann erkalten; fülle ein Glas halb mit Baldrianthee und halb mit Wasser, thue 2 Theelöffel voll Zucker, danach 1 Theelöffel voll Brausepulver hinein und trinke dies; oft genügt schon 1 Glas, um den Kopf frei zu machen. Ich wage zwar nicht zu behaupten, daß mein

---

*) „Geiz ist die Wurzel alles Uebels", also auch der Kopfschmerzen und andrer Unpäßlichkeiten.

Mittel Schnupfen, Katarrh, Magenreißen, ja sogar die Melancholie heilt, wie ein Glas Crambambuli, aber auch gegen nervöse Zahn= schmerzen ist das Brausepulver mit Baldrian oft sehr erfolgreich. Und nun

edite, bibite, collegiales!

Inhaltsverzeichniß:

noch zu bemerken ist, daß die Recepte nur für eine Person berechnet sind, also je nach der Anzahl, beliebig vervielfacht werden können.

Zeitfracht Medien GmbH
Ferdinand-Jühlke-Straße 7
99095 Erfurt, Deutschland
produktsicherheit@kolibri360.de